AF358274

VENTE AUX ENCHÈRES PUBLIQUES
HOTEL DROUOT, SALLE N° 7
LE SAMEDI 21 DÉCEMBRE 1912
à deux heures

BIJOUX

Bracelets, Bagues, Broches, Chaines, ornés de Perles, Rubis, Brillants

BRILLANTS SOLITAIRES

TABLEAUX
ANCIENS ET MODERNES
Par : Bernard, Bilders, Foubert, Linnig, Peraire, Del Sarte (André), Tanzi
Van der Voort, Yarz, etc. etc.

OBJETS DE VITRINE

BRONZES D'ART ET D'AMEUBLEMENT
SCULPTURES

MEUBLES — SIÈGES
ANCIENS OU DE STYLE

TAPISSERIE

TENTURES EN SOIE — BEAUX TAPIS D'ORIENT

EXPOSITION PUBLIQUE
LE VENDREDI 20 DÉCEMBRE 1912
De 2 heures à 6 heures

Me G. FRANÇOIS	M. R. BLÉE
COMMISSAIRE-PRISEUR	Expert près le Tribunal civil de la Seine
23, rue Le Peletier	53, rue de Châteaudun

CONDITIONS DE LA VENTE

Elle sera faite au comptant.

Les adjudicataires paieront *dix pour cent* en sus des enchères.

L'exposition mettant le public à même de se rendre compte de l'état et de la nature des objets, il ne sera admis aucune réclamation une fois l'adjudication prononcée.

NOTA. — La Tapisserie et les Tapis seront vendus à 4 h. 1/2.

Paris. — Imp. de l'Art, Ch. Berger, 41, rue de la Victoire.

DÉSIGNATION

ARGENTERIE, BIJOUX

1 — Onze fourchettes en argent.

2 — Perroquet en argent doré, posé sur un perchoir en marbre vert.

3 — Bague et trois boucles d'oreilles en or et pierres fausses.

4 — Trois épingles à cheveux en écaille blonde, à têtes ornées de roses.

5 — Bracelet-chaîne, pavé de petits brillants et d'émeraudes cabochons.

6 — Petite bague croisée en or, ornée d'une perle et d'un saphir.

7 — Bracelet-gourmette en or.

8 — Grande bague, genre ancien, en or et argent, roses et petite émeraude.

9 — Monture de peigne de poche en or repoussé et ciselé et deux petites breloques en or : chat et lièvre.

10 — Broche fer à cheval en or.

11 — Pendentif, retenu à une chaîne de cou.

12 — Chaîne giletière en or, avec médaillon.

13 — Petite montre de dame en or, à remontoir.

14 — Epingle de cravate, monture or, ornée d'un brillant entouré de roses.

15 — Epingle de cravate, monture or, ornée d'un bouton en émail noir, avec six petites turquoises et une rose.

16 — Chaîne giletière en or ciselé.

17 — Bague en or et platine, ornée d'un brillant entouré de petits rubis et de roses.

18 — Bague en or et platine, ornée d'un brillant entouré de roses.

19 — Bague en or et platine, ornée d'un brillant entouré de roses.

20 — Bague jonc en or, ornée de trois brillants.

21 — Broche en or, en forme de feuille, en pierres vertes, ornée de brillant.

22 — Bague droite en or, montée d'un rubis et de deux brillants.

23 — Bague en or, montée d'un brillant et de quatre petits brillants.

24 — Bague-marquise en or, pavée d'émeraudes et de roses.

25 — Bague, genre ancien, en or et argent, ornée de marcassites.

26 — Bague croisée en or, montée de deux perles fausses.

27 — Bague droite en or, ornée de deux trèfles formés de trois brillants et séparés par un saphir.

28 — Montre de corsage, avec barrette formant crochet, pavée de roses et saphirs.

29 — Épingle de cravate, ornée d'une turquoise.

30 — Bague en or ciselé, dans le goût moderne, décorée d'émail translucide et ornée d'une topaze rose et de roses.

31 — Bague en or et argent, ornée de deux petites perles et de roses.

32 — Bague-barrette en or, ornée de trois saphirs.

33 — Bague carrée en or, ornée d'un saphir à double entourage de brillants.

34 — Bague en platine, ornée d'un brillant solitaire.

35 — Paire de boucles d'oreilles en or, montées à vis, ornées chacune d'un brillant solitaire.

36 — Paire de boucles d'oreilles en or, formées chacune d'un brillant solitaire suspendu à un crochet orné d'un petit brillant.

37 — Autre paire de boucles d'oreilles en or et brillant solitaire supendu à un crochet, orné d'un petit brillant.

38 — Autre paire de boucles d'oreilles en or et brillant solitaire suspendu à un crochet orné d'un petit brillant.

39 — Bourse-sac de dame, à compartiment, en or vert, à mailles très fines ; fermoir uni orné de deux saphirs cabochons (poids, 335 gr.)

TABLEAUX

BERNARD

40 — *Portrait ovale de Mlle Dubuison.*
Calligraphie.

BILDERS (W.)

41 — *L'Étang.*
Signé à droite.
Toile. Haut , 3o cent.; larg., 49 cent.

FOUBERT (E.)

42 — *Paysage avec rivière.*
Panneau. Daté : *1903.*
Haut., 33 cent.; larg , 41 cent.

LINNIG (W.)

43 — *Enfants jouant avec un chien dans une écurie.*
Panneau. Signé à droite et daté : *1856.*
Haut., 51 cent.; larg., 42 cent.

PERAIRE (P.)

44 — *Saules au bord de l'eau*

Signé à droite.

Toile. Haut., 37 cent.; larg., 59 cent

ANDRÉ DEL SARTE (École d')

45 — *La Vierge, l'Enfant Jésus, saint Jean-Baptiste et saintes femmes.*

Panneau.

Cadre de style Renaissance en bois sculpté,

TANZI

46 — *Pommier en fleurs.*

Signé à gauche.

Toile. Haut., 65 cent.; larg., 51 cent.

VAN DER VOORT

47 — *Nature morte : orange, citron, raisin, saumon, plat et gobelet en cuivre.*

Signé à gauche.

Toile. Haut., 80 cent.; larg., 58 cent.

YARZ

48 — *L'Étang sous bois.*

Signé à gauche.

Toile. Haut., 35 cent.; larg., 52 cent.

(Salon 1890)

ÉCOLE HOLLANDAISE

49 — *Vache au pâturage.*

> Panneau.

ÉCOLE FRANÇAISE

5o — *Portrait ovale de grand Seigneur en cui-
rasse.*

> Toile.
> Cadre en bois doré.

5 1 — Quatre miniatures ou fixés, et une lor-
gnette. (Seront divisés.)

OBJETS DE VITRINE

BRONZES

D'ART ET D'AMEUBLEMENT

SCULPTURES

52 — Six plats en faïence de Delft, à dessins bleus ou polychromes. (Seront divisés.)

53 — Potiche et son couvercle en faïence de Satzuma, décor de personnages.

54 — Coupe, en forme de coquille, en faïence de Satzuma.

55 — Petite jardinière rectangulaire en ancienne faïence de Rouen.

56 — Deux vases en porcelaine, décor à médaillons ornés de paysages et d'armoiries.

57 — Deux grands vases en porcelaine blanche, décorés de personnages, monture, à base carrée, en bronze ciselé et doré. Style Louis XVI.

58 — Plat en porcelaine de la Compagnie des Indes et trois assiettes en porcelaine du Japon.

59 — Plateau ovale en zinc décoré et une glace.

60 — Quatre statuettes en porcelaine blanche.

61 — Un lot : tasses et soucoupes en porcelaine, dépareillées.

62 — Groupes de lions et lionceaux en ivoire sculpté.

63 — Petite barque, à tête de dragon, en ivoire sculpté, contenant une famille chinoise se divertissant. Travail chinois.

64 — Petit groupe circulaire en ivoire finement sculpté, représentant divers personnages surmontés d'un dragon. Travail chinois.

65 — Statuette de guerrier en ivoire finement sculpté. Travail chinois.

66 — Statuette de démon en ivoire sculpté. Travail japonais.

67 — Autre statuette de savant en ivoire sculpté. Travail japonais.

68 — Un fusil de chasse.

69 — Deux flambeaux en bronze ciselé et doré.

70 — Candélabre électrique, à deux lumières. Art nouveau.

71 — Pendule Empire en bronze doré, ornée d'une femme drapée.

72 — Pendule en bronze doré, ornée d'une figure de femme.

73 — Pendule en bronze ciselé et doré.

74 — Pendule en bronze doré, de style Louis XV ; le mouvement est supporté par un éléphant et surmonté d'une femme chinoise assise sous un parasol.

75 — Pendule en bronze ciselé, avec grand sujet personnage, et deux coupes en marbre et bronze. Époque Empire.

76 — Deux beaux candélabres, d'époque Empire, en bronze ciselé et doré, à quatre lumières.

77 — Lustre en cristal de Venise, de diverses couleurs.

78 — Grand bronze, représentant Corybante étouffant les cris de Jupiter enfant.

79 — Buste de femme en terre cuite, de style Louis XVI.

80 — Groupe en marbre blanc : Esméralda et sa chèvre. Signé : *Mariotton*.

81 — L'Enfant à la cage, statuette en marbre, d'après PIGALLE.

MEUBLES

82 — Casier à musique en noyer ciré.

83 — Horloge Empire en acajou, ornée de bronzes, avec colonnes détachées.

84 — Horloge à gaîne comtoise en chêne sculpté.

85 — Paravent à trois feuilles, à décors de paysages et de fleurs en laque d'or sur fond noir. Travail chinois.

86 — Table-bouillotte en acajou. Empire.

87 — Table à jeu en acajou, à filets cuivre, recouverte d'un drap vert.

88 — Table à ouvrage en acajou.

89 — Petit secrétaire marqueté de bois de rose, de style Louis XVI, avec ornements en bronze et dessus en marbre.

90 — Buffet hollandais en chêne sculpté à deux corps, le corps du haut formant vitrine, et celui du bas ouvrant à deux portes pleines. XVIIIe siècle.

91 — Buffet en chêne à deux corps, celui du haut formant vitrine, et celui du bas ouvrant à quatre tiroirs.

92 — Commode à gaines, à têtes de cariatides et pieds-griffes. Acajou et marbre noir.

93 — Console demi-lune en acajou. Style Louis XVI.

94 — Console rectangulaire en acajou. Époque Empire.

95 — Commode, à dessus de bois en marqueterie hollandaise, ouvrant à trois tiroirs.

96 — Deux tables en chêne sculpté Louis XVI,
ouvrant chacune à un tiroir.

97 — Buffet de coin à deux corps, la partie du
haut est vitrée, celle du bas ouvre à deux
portes et à trois tiroirs.

98 — Commode à côtés cintrés et façade con-
tournée, ouvrant à trois tiroirs, marquetée,
ornée de bronzes ciselés et dorés ; dessus de
marbre. xviiie siècle.

99 — Commode à trois tiroirs en bois de pla-
cage, ornée au centre d'un médaillon à sujet
galant et ceinture ornée de fleurs en marqueterie ; ornements en bronzes ciselés.
Époque Louis XVI.

SIÈGES

100 — Fauteuil en noyer sculpté, recouvert de tapisserie au point. Style Louis XIII.

101 — Bergère en bois sculpté et doré, recouverte de tapisserie d'Aubusson, à guirlandes de roses, rinceaux, ornements et jardinières fleuries. Style Louis XVI.

102 — Deux fauteuils en bois sculpté peint gris et or, recouverts de tapisserie d'Aubusson, à bouquets fleuris et attributs. Style Louis XVI.

103 — Deux fauteuils, de style Renaissance, en bois naturel sculpté, recouverts d'imitation de tapisserie.

104 — Trois fauteuils en bois naturel sculpté, d'époque Louis XV, recouverts en velours frappé imberline.

105 — Chaise de piano en noyer sculpté. Style Louis XVI.

TAPISSERIES

TENTURES, TAPIS

106 — Tapisserie à personnages : Empereur romain distribuant des récompenses à ses soldats; larges bordures ornées de vases, attributs, anges, médaillons, trophées, fruits et fleurs. xviie siècle.

3 m. 60 cent.×2 m. 45 cent.

107 — Deux bandes de tapisserie ancienne.

108 — Tenture de soie, à bordures fleuries. Époque Empire.

109 — Tapis de laine d'Asie Mineure, à fond havane, médaillon central polychrome, encadré d'une jolie bordure verte.

1 m. 85 cent.×1 m. 25 cent.

110 — Tapis du Caucase (petit chemin), à rayures diagonales et bordure polychrome.

2 m. 70 cent.×1 m. 35 cent.

111 — Tapis persan velouté, très fin, à fond gros bleu, dessins rouges et bordure polychrome.

1 m. 95 cent.×1 m. 20 cent.

112 — Fragment de tapis du xviiᵉ siècle siècle, à fond gros bleu, et grandes fleurs polychromes, avec bordure à fleurs bleues.

113 — Tapis Koula à fond violet et bordure bleue avec fleurs polychromes.

2 m. 20 cent.×1 m. 20 cent.

114 — Petit tapis du Caucase, à fond jaune avec dessin et bordure polychromes.

115 — Tapis Chiraz, à médaillon central et coins rouges, fond à petites rayures et bordure polychrome.

1 m. 90 cent.×1 m. 20 cent.

116 — Grand tapis-chemin, à fond quadrillé rouge et bleu, encadré d'une triple bordure polychrome.

3 m. 3o cent.×1 m. 45 cent.

117 — Tapis de soie, à six mehrabs de teintes claires, encadré d'une très belle bordure à dessins et inscriptions polychromes sur fond crème.

2 m. 65 cent.×1 m. 85 cent.

118 — Objets omis.

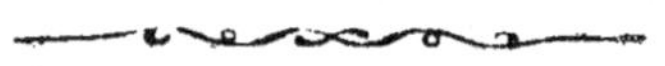

www.ingramcontent.com/pod-product-compliance
Lightning Source LLC
LaVergne TN
LVHW010306190726
843502LV00014B/2675